Birgit Friedrich

Dein Leben ist einzigartig – so wie die Sterne am Firmament

Birgit Friedrich

Dein Leben ist einzigartig – so wie die Sterne am Firmament

Rediroma-Verlag

Bibliografische Information der Deutschen Nationalbibliothek:
Die Deutsche Nationalbibliothek verzeichnet diese Publikation in der Deutschen Nationalbibliografie; detaillierte bibliografische Daten sind im Internet über http://portal.dnb.de abrufbar.

ISBN 978-3-98527-457-4

www.rediroma-verlag.de
6,95 Euro (D)

Inhalt

Genieße den Augenblick

Kostbar ist unsere Lebenszeit –
darum lasse den Blick schweifen,
ganz, ganz weit.
Öffne alle deine Sinne
und beginne wahrzunehmen.
Die Sonne, die Blumen, der Wind –
so bleibst du für immer auch ein Kind!

Liebe und lebe den Augenblick.
Denn so, wie du ihn in diesem Moment erlebst,
kehrt er nicht zurück.

Der Geschmack des Sommers

Der Sommer hat einen besonderen Duft –
Leichtigkeit und lachen liegen in der Luft.

Einen ganzen Tag verbringe ich am See,
danach gehe ich in ein Eiscafé.

Schön finde ich es, am Abend auf einer Wiese zu
liegen und in Gedanken zu den Sternen zu fliegen.

Im Sommer scheint alles möglich zu sein –
es gibt lange Nächte und dazu kühlen Wein.

Rezept für ein erfülltes Leben

- ✓ Sich selbst so annehmen, wie man ist
- ✓ Liebe, Gesundheit, Gelassenheit
- ✓ viel lachen, auch über sich selbst
- ✓ Mut, etwas Neues zu beginnen
- ✓ für andere Menschen da sein
- ✓ Emotionen, staunen
- ✓ Freunde
- ✓ Dankbarkeit und Demut
- ✓ genießen können

Erfülle dir deine Träume

Wir denken immer, wir haben ewig Zeit, aber am Ende ist nicht viel, was bleibt .

Warum willst du warten und nicht im nächsten Sommer in den Urlaub starten?
Ich habe mir meinen Lebenstraum erfüllt und war mit meinem Mann 2013 auf Safari in Kenia.

Erfülle dir deine Träume, solange es geht,
denn irgendwann ist es leider zu spät

Der „Sound“ des Lebens

Unser Leben hat viele Melodien –
fröhlich, melancholisch, klassisch, rockig ...
Mal laut, mal leise. Alles gehört dazu.
Wichtig ist, zu spüren, wie es dir gerade dabei geht. Lass die Melodie auf dich wirken, spüre ihr nach.
Wenn du traurig bist, lasse die Traurigkeit zu.
Wenn du fröhlich bist, dann freue dich und lache einfach mal ganz laut!
Unser Leben ist wie ein Konzert, mal bist du der Dirigent, mal einfach zuhören und genießen.

Liebe

Liebe ist ein großes Wort, ein wunderschönes Gefühl – einfach unbeschreiblich!
Ohne Liebe können wir nicht existieren.
Es ist schön für einen ganz bestimmten Menschen, Gefühle zu haben, sich zu öffnen, sich einfach „fallen“ zu lassen.
Wir sollten für die Liebe bereit sein, auch für Enttäuschungen – es wird nie ohne Schmerz gehen.
Wichtig ist, nicht zu verbittern.
Schön finde ich, einem Menschen zu sagen, was man für ihn empfindet.
Es gibt nichts Berührenderes, als einem Menschen seine Zuneigung/Liebe zu gestehen

Für bestimmte Dinge ist man nie zu alt

Bleibe zeitlebens ein bisschen „Kind“.
Es tut gut, sich als „Erwachsener“ mal wieder wie ein Kind zu fühlen, Dinge zu tun, die wir scheinbar „verlernt“ haben oder wo wir denken, andere lachen über uns. Egal! Mir fällt da so einiges ein, was ich auch schon gemacht habe:

- ✓ Rodeln
- ✓ Riesenrad und Kettenkarussell fahren
- ✓ Zuckerwatte essen
- ✓ durch Pfützen springen
- ✓ Seifenblasen machen
- ✓ mal wieder einen „Klingelstreich“ spielen

Du wirst sehen, wie gut das tut.

Freue dich des Lebens

Du suchst nach dem Sinn des Lebens,
doch oft auch vergebens.
Wir haben viele materielle Schätze,
sagen leider oft unbedachte Sätze.

Wichtig ist, den Menschen neben dir nicht zu vergessen und ihn auch nicht nur nach seiner „Leistung“ zu bemessen.

Umgib dich, so oft es geht, mit schönen Dingen,
dann kann und wird dir ein gutes Leben gelingen.

Erfreue dich am Sonnenaufgang, an einer Tasse Kaffee.
Im Sommer auf die Sonne und im Winter auf den Schnee .
Und bitte bedenkt: Jeder Tag ist ein Geschenk!

Einen Waldspaziergang mit allen Sinnen genießen

Bei strahlendem Sonnenschein mache ich an einem Sonntag im Herbst einen Spaziergang durch den Plänterwald. Ich möchte den Wald mit allen Sinnen erleben und spüren.
Es ist schön, das Herbstlaub unter seinen Füßen rascheln zu hören. Ich nehme etwas davon in die Hände und werfe es über meinen Kopf.
Danach umarme ich einen Baum – ein schönes Gefühl. Und dann lege ich mich einfach in das bunte Laub, blicke in die Baumwipfel und die morgendliche Sonne. Dieses Gefühl ist unbeschreiblich, ich bin ganz eins mit mir, nur der Moment zählt.
Nach dem Spaziergang bin ich glücklich und habe nur positive Gedanken.

Wenn heute mein letzter Tag wäre ...

… dann würde ich mich in den Flieger setzen und auf eine griechische Insel fliegen – nach Kreta, Rhodos oder Santorin.
Nach Ankunft setze ich mich in eine Taverne dicht am Meer und genieße einen frisch gepressten Orangensaft und Tzatziki. Danach geht‘s an den Strand, ich bade im Meer, gehe am Strand spazieren. Zwischendurch bummle ich durch lebhafte Gassen und kaufe mir ein farbenfrohes Sommerkleid. Am Abend tanze ich in einem Restaurant Sirtaki mit.
Und dann setze ich mich mit einer Piña Colada in den Sand, höre Musik und schaue in den Sternenhimmel. Ich habe auch Teelichter angezündet .
Und irgendwann möchte ich für immer meine Augen schließen ...

Schlussakkord

Es kommt der Tag, an dem der Vorhang fällt, das letzte Musikstück gespielt ist; wir von der Bühne des Lebens abtreten müssen.

Ich werde traurig sein, natürlich.
Aber ich hatte ein „geiles", buntes und abwechslungsreiches Leben.
Ich bereue nichts – würde fast alles genauso machen

Die Jahre vergehen so schnell ... darum:

- ✓ Lebt und genießt jeden Tag
- ✓ Habt den Blick für all die Schönheiten um euch herum
- ✓ Seid dankbar
- ✓ Vergesst eure Mitmenschen nicht
- ✓ Lasst euch von niemandem eure Träume ausreden.

Danke, dass ihr mein
kleines Büchlein gelesen habt
♡

Elfi Böhm

Die kluge Trude
und andere Geschichten

Rediroma-Verlag

Bibliografische Information der Deutschen Nationalbibliothek:
Die Deutsche Nationalbibliothek verzeichnet diese Publikation in der Deutschen Nationalbibliografie; detaillierte bibliografische Daten sind im Internet über http://dnb.ddb.de abrufbar.

ISBN 978-3-96103-199-3

Illustrationen: Elfi Böhm

www.rediroma-verlag.de
13,95 Euro (D)

Inhalt

DIE KLUGE TRUDE

Vor vielen Jahren brachte im Sommer eine Bäuerin ein kleines Mädchen zur Welt. Sie erhielt den Namen Trude.

Trude war erst ein Jahr alt, als der Bauer hörte, wie sie leise sprach: „Ho ruck, ho ruck!“ Trude zog sich am Tischbein hoch und lief dem Bauern in die Arme.

„Frau, komm schnell, Trude kann laufen und sprechen“, rief der Bauer ganz aufgeregt. Die Bäuerin lief die Zimmerstiege herunter und meinte: „Bauer, du musst dich verhört haben. Trude ist erst ein Jahr alt, sie kann weder alleine stehen noch sprechen.“

Da stand die Bäuerin ganz starr und war erschrocken, als sie sah, wie Trude hin- und herlief und jauchzte.

„Trude ist ein ganz besonderes Mädchen“, sprach der Bauer.

Die Blätter der Obstbäume färbten sich rot und grün, da nahm der Bauer große Körbe zur Hand und ging mit der Bäuerin und Trude in den Obstgarten, um Obst zu ernten.

Während die Eltern mit der Ernte beschäftig waren, hob Trude das heruntergefallene Obst auf und legte es zur Seite.

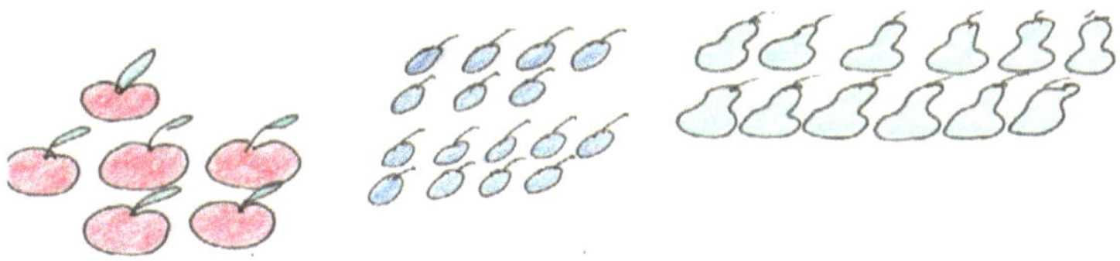

„1+5=6, 7+9=16, 6+6=12“

Als die Bauersleute dies hörten, ließen sie die Körbe mit dem eingelegten Obst stehen und eilten zu ihrer Tochter.

„Trude ist ein Rechenkünstler, sie rechnet Aufgaben, die Kinder in der Volksschule lösen!“, rief die Bäuerin.

„Ich bin dafür, dass Trude jetzt schon die Schule besuchen kann,“ meinte der Bauer. Sie nahmen die kleine Trude, packten sie in den Kinderwagen und fuhren mit ihr zum Direktor der Volksschule.

„Wenn Trude schon so gut rechnen kann, wie sieht es mit dem Schreiben und Lesen aus?“ fragte der Direktor.

Der Bauer und die Bäuerin sahen sich an und konnten dem Direktor keine Antworten geben. Bisher hatten sie Trude nur einmal rechnen gehört.

Der Direktor nahm einen kleinen Stuhl vom Klassenzimmer, legte sieben Pölster darauf und setzte Trude oben drauf.

„So Trude, hier hast du einen Bleistift und ein Blatt Papier und ich sage dir einige Wörter an.“

Und sie begann zu schreiben:
DRUCKKUGELSCHREIBER, GEBURTSTAGSFEST, STEHLEUCHTE, FRÜHLINGSGRUSS, PFLANZENSTÄNDER

„Das ist ein Wunderkind“, rief der Direktor und verständigte alle Fernsehstationen auf der Welt. Er war sehr stolz, ein so intelligentes Kind bei sich in der Schule zu haben.

Die Reporter kamen und warteten vor dem Schulgebäude, um mit den Bauersleuten zu sprechen und Trude zu sehen.

„Die kann unmöglich die Volksschule besuchen, die muss sofort in die Hauptschule“, meinte der Bezirksschulrat, der mit dem Fernsehteam mitgekommen war.

„Hallo, Trude, kannst du mir einige Ziffern durch mathematische Formeln und Rechnungen darstellen?“, fragte ein Universitätsprofessor, der aus Amerika angereist war.

„Ja,“, sagte Trude.

Sie setzte sich auf den sieben Pölstern ein wenig zurecht, nahm Bleistift und das Blatt Papier zur Hand und begann zu rechnen:

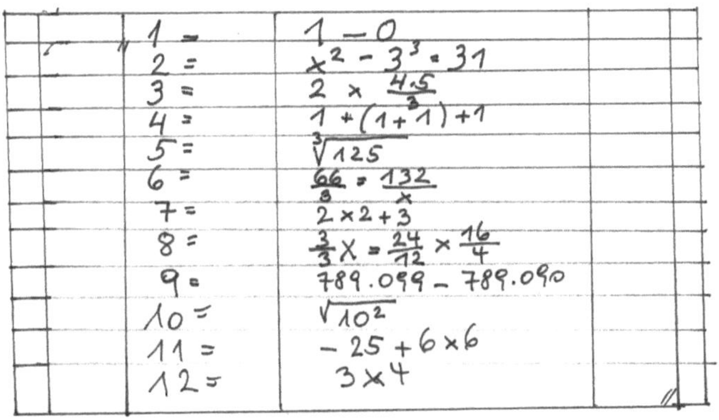

„Ein Genie, ein Genie“, riefen die Menschen durcheinander .

„Die gehört nicht in die Hauptschule, auch nicht auf eine Universität, die kleine Trude muss für den Nobelpreis in Mathematik vorgeschlagen werden“, rief lauthals der Universitätsprofessor aus Amerika.

„Auf nach Schweden, auf nach Schweden!!“, riefen die Menschen, Trude muss den Nobelpreis erhalten.

Die Reporter der Fernsehstationen waren aufgeregt und machten sich auf den Weg in den Norden, um bei der Nobelpreisverleihung dabei zu sein.

Die Bauersleute waren mächtig stolz auf ihre kleine Trude und packten einige Windeln, ein bisschen Milchpulver für das Fläschchen, dick gefütterte Bekleidung und warme Schuhe in das Auto. Als sie losfahren wollten, rief die Bäuerin: „Stopp, der Kinderwagen muss ja auch mit, wie wollen wir Trude in Schweden durch die Straßen fahren?“

So wurde noch der Kinderwagen eingepackt und die Reise in den hohen Norden konnte beginnen.

Der schwedische König und die Königin standen schon auf der Bühne, als ein kleines Mädchen in einem Kinderwagen in den wunderschön geschmückten Saal hineingeschoben wurde.

Der König stand auf, nahm einen Zettel zur Hand und las ganz laut:

„Den Nobelpreis für Medizin erhält Alexander Knochen.

Den Nobelpreis für Chemie erhält Egon Erdöl.

Den Nobelpreis für Frieden erhält Diana Friedenstaube.

Den Nobelpreis für Literatur erhält Verena Schreiberling.

Den Nobelpreis für Mathematik erhält die kleine Trude!

Die fünf Nobelpreisträger bitte auf die Bühne!“, rief der König.

Die Menschen klatschten den Preisträgern zu, aber als die Bauersleute mit der kleinen Trude im Kinderwagen die Bühne betraten, was war das für ein Geschrei und Getrampel.

Die kleine Trude fuhr mit den Eltern wieder zurück in ihren Ort, in der Hand hielt sie eine Urkunde, den Nobelpreis für Mathematik.

Ab diesem Augenblick hatte die Familie keine ruhige Minute mehr, überall lauerten Reporter, sogar auf den Bäumen rund um den Bauernhof saßen sie. Hinter dem Traktor schauten sie hervor, um Fotos zu schießen. Wenn Trude in ihr Bettchen gelegt wurde, schauten sie beim Kinderzimmerfenster hinein.

„Das halten wir nicht mehr aus! Wir geben den Nobelpreis zurück!“, schrie der Bauer. „Unser Kind soll ganz normal und in Ruhe aufwachsen.“ Er verpackte die Urkunde in ein Kuvert, klebte eine Marke darauf und schickte sie nach Schweden zurück.

Jahre vergingen.

Aus der kleinen Trude wurde eine Lehrerin. Sie lebt heute noch auf einem Bauernhof. Aber es ist nicht der Bauernhof ihrer Eltern, es ist der Nachbarbauernhof. Sie hat sich vor Jahren in einen Lehrer verliebt, lebt mit ihm und beide unterrichten in der Volksschule.

DAS EICHHÖRNCHEN ALBERT

Inmitten einer Stadt gab es einen wunderschönen Park mit einem Rasen, darauf wuchsen Sträucher, Fichten, Nussbäume und Tannen.

An den Gehwegen standen Bänke, auf denen sich ältere Menschen oder Familien mit Kindern ausruhen konnten. Sie warfen den Vögeln Futter zu und was liegen blieb, sammelten die Eichhörnchen ein.

Wenn der Wind wehte, liefen Kinder den Weg entlang und ließen Drachen steigen. Die Blätter an den Sträuchern und Nussbäumen hingen nicht mehr so fest an den Ästen und fielen zu Boden.

Hoch oben in einer Tanne hatte Albert seine Höhle. Er lief den ganzen Tag den Stamm hinab, hüpfte auf die Nussbäume, sammelte Nüsse, sprang wieder zurück, den Stamm hoch und versteckte diese in seiner Höhle.

Da er aber ein sehr lebhaftes, neugieriges Eichhörnchen war und von einem Baum zum anderen sprang, passierte es.

Ein Mann mit einem Lastwagen fuhr den Park entlang und sammelte das heruntergefallene Laub ein. Mit einem Besen kehrte er alles auf einen Haufen, füllte es in Säcke und warf diese auf den Lastwagen.

Albert hatte noch nie ein solches Fahrzeug gesehen und wollte es näher betrachten. Er hüpfte hinauf, verkroch sich unter den Blättern, und da er den ganzen Tag mit dem Sammeln von Nüssen beschäftigt war, wurde er müde und schlief ein.

Er bemerkte nicht, dass das Fahrzeug los fuhr und in den Straßen Autos hupten und Straßenbahnen klingelten.

Der Lastwagenfahrer bog in eine Straße ein und blieb stehen. Durch diesen Ruck erwachte Albert.

Er rieb sich die Augen, schob die Blätter und den Müll zur Seite und erschrak.

Wie schrecklich war es hier, weit und breit keine Bäume zu sehen. Wo war der schöne Park, wo seine Bäume?

Albert war verzweifelt.

Er wollte vom Lastwagen springen, doch so oft er es auch versuchte, er konnte nicht. Autos rasten vorbei und hupten. Er hörte viele Stimmen von Menschen und bekam es mit der Angst zu tun.

Als er es wieder versuchen wollte, bemerkte er, dass der Lastwagenfahrer einstieg und losfuhr. Albert verhielt sich ganz ruhig und wartete. Der Fahrer fuhr hinaus aus der Stadt und blieb bei einem großen Platz stehen. Dort stank es fürchterlich nach Autoreifen, nach faulen Kartoffeln und Bananenschalen. Der Lastwagenfahrer betätigte einen

Hebel und Albert landete auf einem großen Müllhaufen.

Er zwängte sich durch verfaulte Bananen und Kartoffelschalen und lief so schnell er nur konnte, bis er auf eine schöne Wiese mit kleinen Sträuchern und großen Bäumen kam. Dort sah er Kinder, die sich hinter Bäumen versteckten.

Da aber Albert neugierig war und alles ganz aus der Nähe betrachten wollte, hüpfte er vorsichtig von Baum zu Baum, von Strauch zu Strauch.

Und plötzlich bemerkte ein Mädchen den kleinen Albert. Sie rief ihren Geschwistern zu: „Kommt her, schaut wie lieb, ein Eichhörnchen!“

Sie eilten herbei. Die Kleinen durften ihn nur betrachten, der Größte aber hob es ganz vorsichtig auf und hielt es in seiner Hand. Die Kinder liefen nach Hause. Vor dem Haus stand ein großer wunderschöner Nussbaum.

Der Bub öffnete seine Hand und ließ Albert frei. Der hüpfte vergnügt von Ast zu Ast auf seinem neuen Zuhause und begann sofort viele Nüsse für den Winter zu sammeln.

DER IGEL DRAGOMIR

Der Sommer war vorüber, der Herbst zog ins Land und die Blätter der Bäume verfärbten sich wunderschön rot, gelb und orangerot.

Wenn der Wind wehte, fielen die Blätter auf den Boden und Würmer, Schnecken und Käfer versteckten sich darunter, um vor dem herannahenden Sturm und der Kälte geschützt zu sein.

Aber auch Ratten und Mäuse fanden hier ein warmes Plätzchen.

Da, unter einem kleinen Blätterhaufen bewegte sich etwas. Es war der kleine Igel Dragomir.

„Ich habe keine Angst vor dem Sturm!“, rief Dragomir, „ich gehe hinaus in die weite Welt.“

Als er unter dem Blätterhaufen hervorguckte und seine Nasenspitze in die Höhe hielt, rief er: „Brrr, ist es draußen kalt, ich brauche ein dickes Herbstblätterkleid!“

Er drehte und wälzte sich und mit seinen Stacheln spießte er dabei rote, gelbe und orangerote Blätter auf.

„Jetzt habe ich einen dicken Wintermantel aus Blättern und mir ist nicht mehr kalt!“

Der kleine Igel machte sich auf den Weg und begegnete einem Wiesel.

„Wer bist du?“, fragte Dragomir.

„Ich bin Lore, das Wiesel. Ich kann sehr schnell laufen.“ Als sie die bunten Blätter auf Dragomirs Stacheln sah, musste sie herzlich lachen.

Dragomir war sehr aufgeregt, er hatte noch nie ein Wiesel gesehen. „Möchtest du mich ein Stückchen begleiten?“, fragte Dragomir.

Lore nickte und sie liefen beide über Wiesen und Felder, bis sie an einem hohen Berg ankamen.

„Ich möchte auf den Berg klettern“, bettelte Dragomir.

Lore nahm ihn an der Hand, und sie stiegen immer höher hinauf, bis sie den schneebedeckten Gipfel erreichten.

Überall lag Schnee, aber unter einem Felsstück fanden sie eine kleine Höhle. Das war ein feines, trockenes Plätzchen, wo Dragomir seine Beinchen ausstrecken konnte.

„Ich bin so schrecklich müde, mir tun die Füße weh und ich habe Hunger!“, jammerte Dragomir.

„Hier auf diesem Platz kannst du dich ein wenig ausruhen, aber zu essen wirst du nichts finden. Hier gibt es keine Würmchen und keinen Käfer, die sind in der Erde“, antwortete Lore.

Dragomir war verzweifelt, sein Magen knurrte und brummte. Er rollte sich ein und schlief.

Aber auch Lore verspürte schon etwas Hunger. Da ihre Füße nicht schmerzten, machte sie kehrt und lief talwärts. Unterwegs fand sie einige Schnecken, die sie ganz gierig verzehrte.

Als Dragomir am nächsten Tag erwachte sah er, dass seine Freundin Lore nicht mehr da war. Er erschrak und schrie: „Lore, wo bist du? Ich will nicht alleine sein!“

Da hörte er ein Rauschen und als er seinen Kopf hochhob, sah er einen großen weißen Vogel, der immer näher und näher kam.

Der Vogel landete und setzte sich zu ihm.

„Hallo, wer bist denn du?“, fragte Dragomir ganz höflich.

„Ich bin Frieda, die Schneegans, und wohne hier oben in den Bergen. Ich fliege durch die Lüfte und wenn die Schneeflocken so richtig wirbeln, fühle ich mich ganz wohl.“

„Aber wie siehst du denn aus, was hast du auf dem Rücken?“, kicherte Frieda, als sie die vielen bunten Blätter sah.

Dragomir erzählte von seiner Idee mit dem Herbstblätterkleid, von Lore dem Wiesel, klagte über seine schmerzenden Beinchen und großen Hunger.

„Das trifft sich gut,“ sagte Frieda. „Ich muss in etwa einer Stunde ins Tal fliegen. Mein Cousin Willibald will sich mit mir treffen. Wir fliegen dann gemeinsam zurück in die Berge. Ich könnte dich auf dem Rücken mitnehmen.“

„Huu, so hoch oben habe ich schreckliche Angst.“

Aber der Hunger war stärker. „Also gut, ich fliege mit“, sagte Dragomir mit zitternder Stimme.

Frieda setzte sich nieder und der kleine Igel krabbelte auf ihren Rücken. Mit seinen Händchen klammerte er sich fest.

„Aufpassen, gleich geht’s los!“, rief Frieda. Sie spreizte ihre Flügel, streckte den Hals nach vorne und rauschte in die Lüfte.

„HILFE!!“, schrie Dragomir.

„Keine Angst, wir fliegen sehr schnell, bald sind wir im Tal“, sprach sie und drehte ihren Kopf ein wenig zurück, damit sie Dragomir sehen konnte.

Plötzlich rief sie: „Ja, wo sind denn die bunten Blätter auf deinem Rücken?“ In diesem Augenblick wirbelten die roten, gelben und orangeroten Herbstblätter an ihnen vorüber. Der Wind hatte sie von den Stacheln herunter geblasen.

Während des Flugs öffnete Dragomir seine Augen und schaute nach unten. Er konnte die grünen Wiesen und Bäume mit den roten, gelben und orangeroten Blättern sehen.

„Dort ist mein Baum, bei dem Blätterhaufen“, rief er.

Frieda spreizte die Flügel, streckte ihre Beine, legte den Kopf zurück und landete sicher auf der Wiese.

„Endlich sind wir am Boden“, jubelte Dragomir und freute sich. Er krabbelte von Friedas Rücken und lief schnurstracks zum Baum, worunter sich sein Blätterhaufen befand. Er schob die roten, gelben und orangeroten Blätter zur Seite. Da lagen einige Würmchen, Käfer und Schnecken, die er ganz gierig verspeiste.

Als er satt war und sich nach der herrlichen Mahlzeit ein wenig ausrasten wollte, hörte er wildes Geschnatter.

Er schob die Blätter zur Seite und sah, wie Frieda mit ihrem Cousin Willibald zurück in die Berge flog.

Dragomir winkte zum Abschied und rief: „Danke für den wunderschönen Flug, liebe Schneegans Frieda!“

Dann krabbelte er wieder in seinen Laubhaufen und bereitete sich auf seinen langen Winterschlaf vor.

Er träumte von Frieda, der Schneegans und ihrem Cousin Willibald, von Lore, dem Wiesel und vom Frühling im nächsten Jahr.

FRANZI IST TRAURIG

Herr Zauderer war Besitzer einer großen Firma und musste von früh bis spät arbeiten. Deshalb hatte er wenig Zeit, sich um seinen Sohn, Franzi, zu kümmern. Dafür war Grete, das Kindermädchen, zuständig. Sie umsorgte den Buben und machte den Haushalt. Dabei hatte sie viel zu tun. Denn die Villa, in der sie lebten, war sehr groß und hatte viele Räume. Eines davon bewohnte Franzi. Das Kinderzimmer war übervoll mit Spielsachen, doch der Bub konnte sich darüber nicht freuen. Ihm war schnell langweilig.

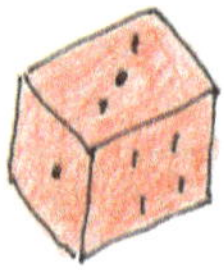

Franzi ging zu seiner Spielzeugtruhe, nahm ein Auto heraus und warf es in die Ecke. Dann sah er seinen Teddy, griff danach und riss ihm ein Glasauge aus.

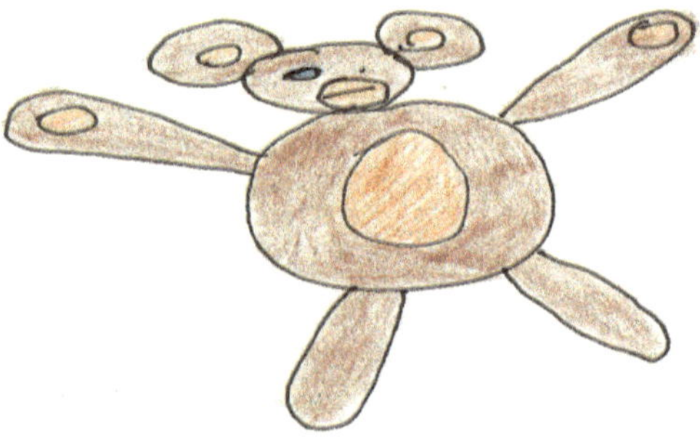

Da ihm dabei der Kasperl im Wege stand, schüttelte er ihn solange, bis sich sein angenähter Kopf mit der Mütze löste.

„Ich will neues Spielzeug!“

Das hörte das Kindermädchen und lief in sein Zimmer. Als sie die kaputten Spielsachen sah, setzte sie sich zu ihm und erklärte ihm, dass man seine Sachen nicht zerstören darf! Und dass es viele Kinder gibt, die gar nichts zum Spielen hätten.

„Denk an den armen Reinhard, der mit seiner Mutter in dem alten Haus gegenüber, auf der anderen Straßenseite, wohnt!“

Franzi nickte so, als hätte er es verstanden. Doch als das Kindermädchen den Raum verließ, stürzte er sich auf einen Waggon seiner Spielzeugeisenbahn und trat darauf.

„Ich will neues Spielzeug!“

Das Kindermädchen war verärgert und telefonierte mit Herrn Zauderer.

„Grete, gehen Sie in ein Spielwarengeschäft und kaufen Sie alles, was sich mein Sohn nur wünscht!“

Sie ging und kaufte und kam mit vielen Paketen zurück. Als Franzi dies sah, war er erfreut.

„Hurra, neue Spielsachen!“

Er riss die Pakete auf und war außer sich vor Freude, als er eine Spielzeugseilbahn und die Autorennbahn erblickte.

Aber dieser Zustand dauerte nicht lange an. Er nahm die Seilbahn, spannte das Seil von einem Fenster zum anderen und ließ die Gondel auf- und abfahren.

„Das ist langweilig“, schrie er und riss die Gondel vom Seil.

„Franzi, vielleicht gefällt es dir, mit der Autorennbahn zu spielen?“, fragte das Kindermädchen und steckte die Schienen zusammen. Er stellte das Rennauto auf die Schiene und drückte auf den Knopf. Das Auto raste im Kreis. Als Franzi dies einige Zeit beobachtet hatte, nahm er seinen Schuh und schlug auf das Auto.

„Du musst sorgfältiger mit deinen Spielsachen umgehen, sonst kann es passieren, dass sie eines Morgens nicht mehr da sind“, meinte Grete.

Franzi ging ins Badezimmer, putzte seine Zähne, legte sich ins Bett und schlief ein.

„Wir hauen ab, schnell fort von hier“, rief der Teddy, „bei diesem bösen Buben bleiben wir keine Sekunde länger!“

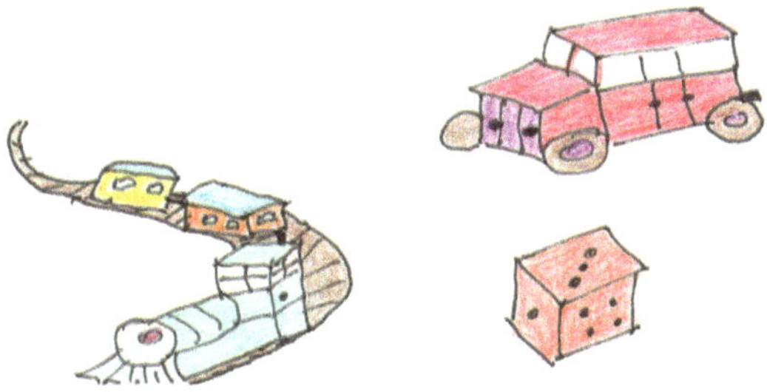

Plötzlich hörte man ein Getrippel und Getrappel. Die Spielzeugeisenbahn zischte und begann langsam zu fahren. In der Ecke wartete schon Teddy und lud den kaputten Kasperl auf einen Waggon. Dann kamen die Gondel und das Spielzeugauto dazu und wurden aufgeladen.

Danach schlich Teddy ganz leise zur Tür und öffnete sie. Die Spielsachen begannen sich zu bewegen und marschierten davon. Teddy stapfte voran, hinter ihm die schnaubende und zischende Eisenbahn.

Beim alten Haus gegenüber, auf der anderen Straßenseite, brannte noch Licht. Teddy kraxelte ganz vorsichtig auf den Fensterbalken und sah in das Zimmer. Es war nur ein Tisch und ein Bett zu sehen. In diesem lag der kleine Reinhard und schlief.

Teddy öffnete die Haustür. Die Eisenbahn mit den vollbeladenen Waggons fuhr leise in das Zimmer und machte bei Reinhards Bett Halt. Als er in der Früh die Augen öffnete und die vielen Spielsachen sah, glaubte er zu träumen.

„Mama, Mama, komm schnell!"

Die Mutter eilte herbei und erschrak, als sie die demolierten Spielsachen sah. Sie erklärte ihm, dass sich das Spielzeug bei einem Kind nicht wohlgefühlt hat und sie deshalb fortgegangen sind.

„Reinhard, ich werde sie so gut es geht in Ordnung bringen. Aber denk auch daran, sie gehören nicht dir!"

Die Mutter nahm den Teddy und überlegte. Sie nahm einen blauen Knopf aus dem Nähkistchen und nähte ihn an. Jetzt hatte er unterschiedliche Augen. Eines aus blauem Glas und einen Knopf. „Ja, und was soll das sein? Dem Kasperl fehlt der Kopf, aber Gott sei Dank, der liegt ja im Waggon!" Sie fädelte einen starken Faden in die Nadel und nähte den Kopf auf den Körper. „Jetzt ist es wieder ein schöner Kasperl!"

„Und bei der Eisenbahn ist der Waggon kaputt – und, oh je, bei der Seilbahn ist das Seil gerissen! Und da, bei dem Auto ist das Dach eingedrückt!“

Sie ging zu einem Schrank, holte einiges Werkzeug hervor und reparierte die kaputten Dinge so gut es ging. Reinhard war sehr glücklich und strahlte über das ganze Gesicht.

„Das muss aber ein ganz schlimmes Kind gewesen sein“, sagte Reinhard.

„Ich glaube, ich weiß schon, wer es war“, meinte die Mutter. „Auf der anderen Straßenseite in dem wunderschönen Haus wohnt der kleine Franzi mit seinem reichen Vater und einem Kindermädchen. Aber der Kleine ist immer traurig und weint sehr viel.“

„Der braucht doch nicht traurig zu sein, der hat doch alles“, meinte Reinhard.

„Alles zu haben, ist nicht alles! Wir haben nicht viel, aber mit dem wenigen sind wir zufrieden“, sagte die Mutter.

„Jetzt basteln wir eine schöne Spielzeugtruhe.“

Sie nahm eine Kiste, wo zuvor Kartoffeln lagerten, und übergab sie dem Reinhard. „Nimm ein feuchtes Tuch, reinige die Kiste, bemale sie mit den Farbstiften, dann hast du eine schöne und bunte Spielzeugtruhe.“

Als dies geschehen war, legte Reinhard die Spielsachen ganz vorsichtig hinein und sah mehrmals am Tag hinein, ob alles noch da war.

Jeden Morgen nach dem Aufstehen holte er sich die Spielzeugtruhe hervor, betrachtete seine Spielsachen und spielte damit.

Eines Tages in der Früh hörte man von der anderen Straßenseite ein lautes Schluchzen und Rufen: „Kasperl, Teddy, wo seid ihr, wo ist meine Seilbahn, wo meine Autorennbahn? Kommt zu mir zurück. Ich bin so alleine!“

Das hörte auch Reinhard. Er lief zu Franzi auf die andere Straßenseite und lud ihn zu sich in sein Zimmer ein, worin sich ein Bett, ein Tisch und die Spielzeugtruhe mit den Spielsachen befanden. Franzi war erschrocken und fragte ihn: „Wie kann man hier nur leben? So ohne Spielsachen?"

Dann sah er, wie Reinhard die Spielsachen liebevoll aus der Spielzeugtruhe nahm und wie schön sie wieder hergestellt, bemalt und repariert wurden. Und wie Teddy und der Kasperl lächelten.

„Die Spielsachen gehören von nun an dir", sagte Franzi und schenkte sie ihm. Reinhard war überglücklich.

„Franzi, möchtest du mit mir spielen? Du kannst immer zu mir kommen. Auch ich bin alleine, meine Mama geht täglich in die Fabrik zur Arbeit. Aber wenn sie abends heimkommt, spielen wir mit

Bauklötzen oder malen ein Bild. Und wenn wir spazieren gehen und ich eine Blume pflücke, dann presst Mama sie zwischen zwei Seiten eines Buches. So denke ich immer an den schönen Spaziergang mit ihr."

Franzi hörte aufmerksam zu. Von nun an sah man die beiden Buben oft miteinander spielen. Sie wurden dicke Freunde und gingen später gemeinsam zur Schule.

Reinhards Mutter sah man oft auf die andere Straßenseite gehen, wo sie sich mit Franzis Vater traf. Sie gingen spazieren und waren glücklich.

Jahre vergingen.

Nach der Studienzeit übernahm Franzi die große Firma und Reinhard war bei ihm angestellt. Oft saßen sie abends beisammen und redeten über ihre Kindheit.

„Weißt du noch ...?"